Agathe Audouze

SUPERZUMOS

Fotografías: Maud Argaïbi

5 tintas

Tabla de contenidos

Prefacio 9

Introducción 10

AL LEVANTARSE (7 H)

Zumo Inyección de energía 12

Smoothie Vitalidad matutina 14

Lassi Buen humor 16

Lassi Dulce y picante 18

Zumo Rayo de sol 20

Smoothie Máxima energía 22

Zumo Buen aspecto 24

LOS ANTIFATIGA (11 H)

Zumo Tonificante 26

Zumo Buena onda 28

OBJETIVO DETOX VERDE (13 H)

Zumo Intenso 30

Zumo Brillante 32

Zumo Verde aromático 34

Zumo Fresco 36

Zumo Explosión verde 38

Smoothie «In detox we trust!» 40

«MERENDAR» 100% PLACER (16 H)

Smoothie Efecto colorete 42

Lassi Suaaave 44

Lassi Dulce energía 46

Smoothie Relax casero 48

Smoothie Antimala cara 50

Lassi Ñam Ñam 52

FIN DE LA JORNADA (20 H)

Zumo Mirada de terciopelo 54

Lassi Relaaax 56

Smoothie Buenas noches 58

¿SIN GANAS DE DORMIR? (22 H)

Smoothie Caliente 60

Smoothie Hot hot hot 62

RECETAS DE FIN DE SEMANA

Zumo Despúes de la fiesta 64

Zumo Aire fresco 66

Lassi Especial madrugador 68

Lassi Especial transnochador 70

Frutas y verduras de temporada 72

Prefacio

Al frente de los cafés Pinson de París, Agathe Audouze ha creado una cocina saludable, sabrosa y colorida. También es autora de la página web LaMinutePapillon.net, repleta de consejos sobre nutrición, y de los Ateliers Papillon, programa de coaching de nutrición natural que ha desarrollado junto con su red de naturópatas. Y ahora, nos vuelve a sorprender con ¡su colorida colección de Superzumos!

De los zumos... a los «superzumos»

Con sus sublimes colores y sus sabores puros, los zumos forman parte de la cocina «vitalidad». Y con razón, porque un simple vaso puede despertar sus papilas, mimar su sistema digestivo, limpiar su cuerpo o aumentar su energía en un abrir y cerrar de ojos... Yo he ido un poco más lejos y he pensado en hacer una simple suma para transformarlos en bebidas con superpoderes:

zumos + superalimentos = ¡SUPERZUMOS!

Superzumos, modo de empleo

Para estas recetas no hace falta magia: es suficiente con disponer de buen material y mezclar los ingredientes que combinen bien.

He reunido tres familias de recetas:

1 - Los **zumos**, en primer lugar, evidentemente, combinando verduras y frutas, o sólo frutas. Lo ideal es utilizar un extractor de zumos, que sólo conserva la parte líquida del ingrediente (por lo tanto, sin fibras) y le da esta textura perfecta. No se estrese: si no tiene dispone de un extractor de zumos en casa, una licuadora bastará.

2 - Los **smoothies** son más densos que los zumos, ya que mezclan los ingredientes íntegros (con fibras). Siempre que sea posible, utilice una batidora de vaso potente a fin de obtener texturas finas y homogéneas.

3 - Los **lassis**, inspirados en la tradicional bebida de la India (aquí a base de yogur de soja, tofu sedoso y/o leche vegetal), ofrecen una textura untuosa e incluso pueden sustituir un postre.

La idea es alternar los 3 tipos de recetas para aprovechar todos sus beneficios. Y con la variedad de sabores, colores y texturas que puede conseguir, es imposible que se canse de ellos.

Aquí empiezan 24 h de zumos...

Fotografía: Cafés Pinson, distritos III y X de París

Introducción

24 H DE SUPERZUMOS

Para saber cuál de estas recetas llevarse a la boca: mire su reloj, determine su estado de ánimo y ¡adelante!

- En primer lugar, están las recetas de la **mañana**, que le pondrán de buen humor antes de las 8 h de la mañana, y casi le harán amar el sonido de su despertador...

- A continuación, las **antifatiga**, para hacer una pausa y recuperar energía.

- Para el **almuerzo**, los Superzumos verdes son unos aliados estupendos. Limpian y son una buena inyección de energía para aguantar toda la tarde.

- Para la **merienda**, disfrute con deliciosas y sabrosas recetas.

- Para **finalizar la jornada**, he creado recetas acogedoras con las que reponer fuerzas (y hasta revelaré algunas recetas reservadas para la noche...).

- Para terminar, he reunido unas recetas especiales para el **fin de semana**.

DE HECHO, ¿QUÉ ES UN SUPERALIMENTO?

Estos ingredientes son la flor y nata de los alimentos: son verdaderos concentrados de nutrientes, vitaminas, minerales, oligoelementos, así como de enzimas y antioxidantes. Algunos, incluso, también contienen proteínas. Ni más ni menos.

Se conocen desde hace siglos por sus propiedades. Y que sean buenos en todos los aspectos no significa que tengan que ser difíciles de encontrar; por lo tanto, no es indispensable buscar ingredientes con nombres exóticos. Puede encontrarlos fácilmente y de temporada en nuestras latitudes.

MI SELECCIÓN DE SUPERALIMENTOS:

- Las hierbas frescas/plantas aromáticas: perejil, albahaca, estragón, menta, eneldo...

- La famosa kale, esta querida col verde rizada que está llena de vitaminas y minerales...

- Los germinados, las pequeñas estrellas de los superalimentos, entre las que la alfalfa es la de sabor más neutro para los zumos.

- Las algas y la spirulina, ricas en proteínas y oligoelementos.

- El té verde matcha, de sabor delicado, rico en clorofila y antioxidantes.

- Las raíces mágicas: cúrcuma, jengibre, ginseng y maca, con propiedades potencialmente afrodisíacas.

- Los frutos rojos (y bayas de goji ¡bio!), ricas en vitamina C y antioxidantes.

- Las oleaginosas (en especial las semillas de lino y las semillas de chía, ricas en omega 3), fuente de ácidos grasos esenciales.

PSSST... ÚLTIMAS RECOMENDACIONES

> Para preparar los Superzumos no se necesita ninguna capacidad excepcional. Lo esencial es tener buen material y materias primas de alta calidad. Para las recetas de zumos, todo vale: ¡piel, corazón, pepitas...! Priorice las frutas y verduras **bio**: si no son bio, la piel está llena de pesticidas (¡puaj!), y es justamente ahí donde se esconden la mayoría de vitaminas. Sería una pena perdérselas (y beber un zumo de pesticidas, mmmm...).

> Tómese siempre los zumos al principio de las comidas y siéntase libre de «**masticar**» (sí, sí) para iniciar el proceso de digestión. Después de bebérselos, espere unos minutos antes de empezar a comer.

> Ciertas recetas pueden reemplazar perfectamente una de las comidas del día, sobre todo si desea hacer una cura **detox**.

> Una última recomendación: ¡los zumos son caprichosos! Si no se beben **rápidamente** después de prepararlos, pierden nutrientes, vitaminas y enzimas, pierden color e, incluso, sabor. Prepárelos en el último momento y saboréelos sin esperar, tomándose su tiempo, claro está.

Y ahora, disfrute, adapte las recetas a su gusto e invéntese las suyas; por ejemplo, combinando ingredientes de colores similares. Verá que ¡funciona! ¡A su salud!

Zumo Inyección de energía
supervitamínico, tonificante, reconstituyente, antioxidante, detox

Para 2 vasos • Preparación: 10 min

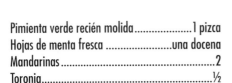

Los Ingredientes

Pimienta verde recién molida...................1 pizca
Hojas de menta fresca ....una docena
Mandarinas 2
Toronja...½
Manzanas 2

Pssst

¡Ah, el amargo, el patito feo de los sabores...!
A pesar de que a menudo es detestado, el amargo derrocha
efectos terapéuticos sorprendentes, como la purificación
del organismo. Facilita la digestión limpiando el hígado
de toxinas y despierta el apetito. Además, los ingredientes
amargos curan los problemas de piel. *What else?*

Atención

La toronja y los medicamentos no siempre son una
buena mezcla. Ante la duda, evite consumir toronja
cuando deba tomar medicamentos, porque tiene la
desafortunada tendencia de interferir con ciertos
principios activos.

La Receta

1. Ponga una pizca de pimienta verde en el fondo
del vaso antes de hacer el zumo.

2. Lave las hojas de menta. Exprima los cítricos
para extraer el zumo.

3. Pase la manzana (cortada bastamente pero sin
pelar) y la menta por el extractor de zumos. Mezcle
el zumo obtenido con el zumo de cítricos.

Smoothie Vitalidad matutina

supervitamínico, integral, antioxidante, reconstituyente

Para 2 vasos • Preparación: 15 min

Los Ingredientes

Limón ....½
Plátanos maduros....................................2
Spirulina en polvo...........................1 cucharadita
Cubitos de hielo 4
Semillas de chía.............................. 1 pizca
Leche de almendras........................... ¾ de vaso
Sirope de agave .... 2 cucharadas

Pssst

Las semillas de chía combinan varios aspectos positivos: omega 3 –tanto como quiera–, calcio, fósforo... Es total. Por lo tanto, siéntase libre de esparcir una cucharadita en los smoothies o en otras recetas. Son las aliadas perfectas de un smoothie integral y lleno de energía para empezar el día.

La Receta

1. Exprima la mitad del limón con el exprimidor. Mezcle todos los ingredientes en la batidora de vaso con los cubitos de hielo para proporcionar un poco de frescor y evitar que el plátano se oxide demasiado rápido.

2. Ajuste la cantidad de leche de almendras para obtener un smoothie más o menos líquido, en función de lo que desee. Pruebe y añada el sirope de agave a su gusto.

Variantes

También puede añadir medio aguacate para conseguir un desayuno completo, y 2 pizcas de té matcha para multiplicar los efectos antioxidantes del smoothie. Y por qué no, una pizca de cardamomo en polvo, si le gustan las recetas especiadas. Con un puñado de oleaginosas (avellanas o semillas), obtendrá un desayuno completo y equilibrado, que le permitirá aguantar hasta el almuerzo... sin necesidad de picar entre horas.

Lassi Dulce y picante
integral, remineralizante, especiado, tonificante

Para 2 vasos • Preparación: 7 min

Los Ingredientes

Té chai ....1 bolsita
Leche vegetal de coco (líquida) ....½ vaso
Anacardos crudos medianos (o 2 cucharadas
de puré de anacardos) ....2 puñados
Cubitos de hielo 2
Yogures de soja naturales 2
Miel de acacia................................ 3 cucharadas

Variante

Puede reemplazar la leche de coco
por otra leche vegetal, y también añadir
medio plátano para conseguir un
desayuno completo.

La Receta

1. Infusione la bolsita de chai en medio vaso de leche de coco muy caliente durante 5 minutos. Deje enfriar unos minutos.

2. Mezcle los anacardos con 2 cubitos de hielo y la leche con chai (si dispone de una batidora de vaso potente, si no, es suficiente con cambiar los anacardos por 2 cucharadas de puré de anacardos). Añada los yogures.

3. Ajuste la cantidad de leche, en función de si desea un lassi más o menos líquido, y la miel a su gusto.

Zumo Rayo de sol

supervitamínico, tonificante, antioxidante

Para 2 vasos • Preparación: 10 min

Los Ingredientes

Pimienta recién molida .... 1 pizca
Clementinas..2
Zanahorias..4
Manzana...1
Cúrcuma fresca .... un trozo de 1 cm

Atención

La cúrcuma posee magníficas propiedades pero mancha mucho. Lávese las manos inmediatamente después de tocarla, ¡y lave también su tabla de cortar!

Pssst

Pueden pasarse por el extractor de zumos algunos trozos de piel de clementina (si no le molesta el sabor amargo) para aprovechar todos los principios activos de los aceites esenciales que contiene.

La Receta

1. Ponga una pizca de pimienta recién molida en el vaso.

2. Exprima las clementinas con el exprimidor.

3. Pase todos los ingredientes restantes (bastamente cortados pero sin pelar) por el extractor de zumos, alternando los duros con los más jugosos, y termine con dos cuartos de manzana.

4. Mezcle los zumos obtenidos.

Smoothie Máxima energía
supervitamínico, tonificante, antioxidante

Para 2 vasos • Hidratación de las bayas: toda la noche • Preparación: 10 min

Los Ingredientes

Bayas de goji hidratadas .... 3 cucharadas
Limón .... ½
Fresas de tamaño medio
(frescas o congeladas) 8
Leche de almendras .... ¾ de un vaso
Sirope de agave
o azúcar moreno .... 2 cucharadas
Cubitos de hielo 3

La Receta

1. Hidrate las bayas de goji dejándolas en remojo en agua limpia durante toda la noche.

2. Exprima la mitad del limón.

3. Mezcle los ingredientes y el zumo de limón en una batidora de vaso potente. Ajuste la cantidad de sirope de agave o azúcar a su gusto (en especial si las fresas no son muy dulces).

Zumo Buen aspecto

supervitamínico, tonificante, remineralizante, digestivo, antioxidante, detox

Para 2 vasos • Preparación: 10 min

Los Ingredientes

Limón ....½
Zanahorias de tamaño medio............................4
Manzanas 2
Hinojo.. ⅓
Jengibre fresco......................... un trozo de 2 cm

Pssst

Puede añadir algunas ramitas de estragón fresco (que combina perfectamente con el sabor anisado del hinojo) para una digestión excelente. Y si se siente débil en pleno invierno, agregue equinácea. Unas cuantas gotas de extracto de equinácea fresca (disponible en supermercados bio) ayudarán a combatir un resfriado incipiente. Es la reina de las plantas medicinales que ayudan a reforzar el sistema inmunológico. Previene y trata las infecciones de las vías respiratorias y urinarias, así como la gripe y el resfriado. ¡Bingo!

La Receta

1. Exprima el limón con el exprimidor.

2. Pase todos los ingredientes (bastamente cortados pero sin pelar) por el extractor de zumos, alternando los duros con los más jugosos, y termine con un cuarto de manzana.

3. Mezcle los zumos obtenidos.

Zumo Tonificante

supervitamínico, tonificante, estimulante, antioxidante

Para 2 vasos • Preparación: 10 min

Los Ingredientes

Naranja grande 1
Limón ....½
Manzanas 3
Pimienta de cayena polvo .... 1 pizca
Ginseng en polvo .... 1 pizca

La Receta

1. Exprima la naranja y la mitad del limón con el exprimidor para extraer el zumo.

2. Pase las manzanas cortadas y sin pelar por el extractor de zumos. Mezcle los zumos obtenidos.

3. Añada la pimienta y el ginseng. Para todas las recetas especiadas: ¡pruebe! Esto le permitirá ajustar las especias a su gusto.

Zumo Buena onda

supervitamínico, estimulante, detox

Para 2 vasos • Preparación: 10 min

Los Ingredientes

Limón ....½
Peras .... 4 (o 3 jugosas)
Manzanas 2
Hierba limón ....1 ramita

Pssst

Algunas variedades de pera son más jugosas que otras. Ajuste las cantidades en función del tipo de peras que utilice.

La Receta

1. Exprima la mitad del limón con el exprimidor.

2. Pase el resto de ingredientes (bastamente cortados y sin pelar) por el extractor de zumos, alternando los duros con los más jugosos, y termine con un cuarto de manzana.

3. Mezcle los zumos obtenidos.

Zumo Intenso
supervitamínico, remineralizante, estimulante, detox

Para 2 vasos • Preparación: 10 min

Los
Ingredientes

La
Receta

Hojas de espinacas frescas ....1 gran puñado
Cilantro fresco ....4 tallos
Limón 1
Manzanas 3
Spirulina ....1 cucharadita

Pssst

Los germinados de alfalfa son ideales si se toma el zumo en lugar del almuerzo habitual. Algunas oleaginosas (anacardos, almendras...) también pueden completar esta «comida líquida».

1. Lave con cuidado las hojas de espinacas. Lave el cilantro.

2. Exprima el limón con el exprimidor.

3. Pase todos los ingredientes por el extractor de zumos, alternando los duros (o con hojas) con los más jugosos, y termine con media manzana.

4. Añada la spirulina, el zumo de limón, y mezcle.

Zumo Brillante
supervitamínico, tonificante, estimulante, detox

Para 2 vasos • Preparación: 10 min

Los Ingredientes

Limón 1
Rúcula fresca...............................1 puñado
Menta fresca ....½ manojo
Peras 3
Manzana 1

Pssst

Las variedades de pera son más o menos jugosas. Ajuste las cantidades en función del tipo de peras que utilice.

La Receta

1. Exprima el limón con el exprimidor. Lave la rúcula y la menta.

2. Pase la manzana y las peras (cortadas pero sin pelar) por el extractor de zumos, Termine con un cuarto de manzana.

3. Mezcle los zumos obtenidos.

Zumo Verde aromático

supervitamínico, tonificante, estimulante, detox

Para 2 vasos • Preparación: 10 min

Los Ingredientes

Limón ....½
Manzanas 3
Canónigos .... 1 puñado grande
Perejil ....¼ de manojo
Hojas de albahaca fresca ....una decena

Pssst

Los canónigos, que tienen un sabor natural «graso», darán
una textura ligeramente untuosa a este zumo. Las plantas
aromáticas no son sólo para decorar... Ni mucho menos.
Por ejemplo, la albahaca y el perejil son conocidos por sus
propiedades antioxidantes, y están llenos de vitaminas A y C.
Se pueden consumir sin moderación, ¡salvo en periodo de
lactancia! El perejil, en especial, tiene la desafortunada
propiedad de ¡reducir la producción de leche!

La Receta

1. Exprima la mitad del limón con el exprimidor.
Lave la rúcula y la menta.

2. Pase los ingredientes por el extractor de zumos,
alternando los duros (o con hojas) con los más
jugosos, y termine con una manzana.

3. Mezcle el zumo obtenido con el zumo de limón.

Zumo Fresco

supervitamínico, remineralizante, tonificante, estimulante, detox

Para 2 vasos • Preparación: 10 min

Los Ingredientes

Limón ....½
Manzanas 2
Pepino ....¼
Apio...................................... 2 ramas
Menta ....¼ de manojo

Consejo

No se olvide de «masticar» el zumo ni de tomarse
su tiempo. El hecho de ensalivar el zumo pondrá
en marcha el proceso de digestión.

La Receta

1. Exprima la mitad del limón con el exprimidor.
Lave la menta.

2. Pase los ingredientes por el extractor de zumos,
alternando los duros (o con hojas) con los más
jugosos, y termine con dos cuartos de manzana.

3. Mezcle el zumo obtenido con el zumo de limón.

Zumo Explosión verde

supervitamínico, remineralizante, antioxidante, detox

Para 2 vasos • Preparación: 10 min

Los Ingrédients

Hojas de espinacas frescas .... 2 puñados
Limón ....½
Manzanas (mejor si son golden o gala) 3
Perejil .... ¼ de manojo
Matcha..1 cucharadita

Pssst

¡El matcha es el oro del té verde! Repleto de antioxidantes, contribuye enormemente a protegerse contra el cáncer, si se bebe con regularidad. Estimula el metabolismo y el sistema inmunológico. Contiene 2 veces menos cafeína que el café, así que permite luchar contra la ansiedad. ¡Sólo cosas buenas! Se puede encontrar fácilmente en la sección de tés de las tiendas y supermercados bio.

La Receta

1. Lave con cuidado las hojas de espinacas.

2. Exprima la mitad del limón con el exprimidor.

3. Pase todos los ingredientes por el extractor de zumos, alternando los duros (o con hojas) con los más jugosos, y termine con dos cuartos de manzana.

4. Ponga el matcha en una cucharada de zumo, mezcle. Añádala al resto de zumo mientras lo remueve, y al final añada el zumo de limón.

Variantes

Si le gustan los zumos verdes más «afrutados», puede añadir un kiwi. También puede añadir una cucharadita de spirulina para conseguir una comida líquida completa.

Smoothie «In detox we trust!»

supervitamínico, tonificante, remineralizante, antioxidante, detox

Para 2 vasos • Preparación: 15 min

Los Ingredientes

Manzanas 4
Plátano 1
Hojas de kale (sin tallos) o de col verde
si no encuentra kale fácilmente.......................5
Aceite esencial de limón (previamente diluido
en una cucharadita de sirope de agave) .... 1 gota
Sirope de agave ....1 cucharadita

Pssst

La lista de beneficios de la kale es tan larga que parece
irreal. Esta variedad de col verde rizada contiene gran
cantidad de vitaminas antioxidantes A, C y K, e infinidad
de fibra, minerales y oligoelementos, como calcio, hierro
y magnesio. La buena reputación de la kale es debida
a su contribución a la salud de los huesos y por su
beneficioso efecto en el sistema inmunológico.

Consejo

Añadiendo unas semillas de lino, puede
prepararse una comida líquida completa
¡para una cura detox ocasional!

La Receta

1. Extraiga el zumo de las 3 manzanas,
bastamente cortadas y sin pelar, con la ayuda de
un extractor de zumos o de una licuadora. Retire
los tallos de la kale y corte las hojas en trozos
pequeños. Mezcle todos los ingredientes en la
batidora de vaso.

2. Añada el aceite esencial o el zumo de 1 limón.
Ajuste la cantidad de sirope de agave a su gusto.

Smoothie Efecto colorete

supervitamínico, tonificante, remineralizante, antioxidante, detox

Para 2 vasos • Preparación: 15 min

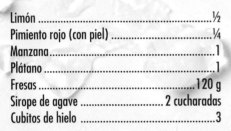

Los Ingredientes

Limón ....½
Pimiento rojo (con piel) ....¼
Manzana 1
Plátano 1
Fresas ....120 g
Sirope de agave ....2 cucharadas
Cubitos de hielo 3

La Receta

1. Extraiga el zumo de medio limón con el exprimidor, y el del pimiento y la manzana con la ayuda de un extractor de zumos.

2. Mezcle el resto de los ingredientes en una batidora de vaso para crear un smoothie veraniego. El color resultante es un placer para la vista: ¡roooosa!

Lassi Suaaave
relajante, remineralizante, digestivo

Para 2 vasos • Preparación: 10 min

Los Ingredientes

Albaricoques maduros..6
Leche de almendras.......................¾ de un vaso
Tofu sedoso ....180 g
Sirope de agave
(o azúcar moreno)..........................2 cucharadas
Agua floral de lavanda ....1 cucharadita

Pssst

Si no dispone de agua floral, simplemente
utilice algunas briznas de lavanda.

La Receta

1. Mezcle todos los ingredientes en su batidora de vaso, añadiendo agua de lavanda para obtener un precioso smoothie veraniego, suave y relajante.

2. Ajuste la cantidad de leche de almendras, en función de si desea un lassi más o menos líquido.

3. Pruebe para ajustar la cantidad de sirope de agave a su gusto.

Lassi Dulce energía
supervitamínico, tonificante, estimulante

Para 2 vasos • Preparación: 10 min

Los Ingredientes

Tofu sedoso
(o 2 yogures de soja naturales).................180 g
Frutos rojos (congelados bio).....................100 g
Leche de almendras.......................¾ de un vaso
Jengibre en polvo...........................1 cucharadita
Sirope de agave .... 3 o 4 cucharadas

Pssst

Los frutos rojos son los aliados número uno de una buena circulación y de unos vasos sanguíneos en plena forma. Bajos en calorías, repletos de antioxidantes, también son una fuente excepcional de vitamina C para luchar contra el envejecimiento celular.

La Receta

1. Mezcle todos los ingredientes en su batidora de vaso.

2. Añada el sirope de agave o 2 dátiles para endulzar el lassi.

Smoothie Relax casero

remineralizante, omega 3

Para 2 vasos • Preparación: 10 min

Los Ingredientes

Limón ....½
Leche de coco ....1 vaso
Yogures de soja naturales 2
Higos frescos (morados) maduros 4
Sirope de agave ....1 cucharada
Semillas de chía....................1 puñado pequeño

Variante

Si no encuentra fácilmente leche vegetal de coco líquida,
puede reemplazarla por leche de avena.

La Receta

1. Exprima medio limón. Mezcle todos los ingredientes en la batidora de vaso para conseguir una hermosa receta de fin de verano.

2. En función de lo dulces que sean los higos, pruebe, y después ajuste la cantidad de sirope de agave a su gusto.

Smoothie Antimala cara

reconstituyente, supresor del apetito

Para 2 vasos • Preparación: 10 min

Los Ingredientes

Peras 2
Limón ....½
Leche de almendras .... 1 vaso
Crema de castañas .... 1 cucharada
Canela en polvo .... 1 pizca
Azúcar moreno .... 2 o 3 cucharadas

Variantes

Puede añadir tahini para conseguir una receta muy completa (¡también ideal para desayunar!). Puede añadir 1 cucharadita de cacao en polvo o de algarroba para obtener un smoothie generoso.

La Receta

1. Si la piel es muy dura, pele las peras, y después córtelas en cuatro trozos. Exprima el zumo de limón.

2. Mezcle todos los ingredientes en su batidora de vaso para conseguir un smoothie suave de otoño.

3. Pruebe para ajustar la cantidad de azúcar a su gusto. Ajuste la leche de almendras en función de la jugosidad de las peras.

Lassi Ñam Ñam

estimulante, reconstituyente

Para 2 vasos • Preparación: 10 min

Los Ingredientes

Plátano 1
Tofu sedoso ....180 g
Leche de avellanas .... ¾ de un vaso
Cacao en polvo
(preferiblemente negro) .... 1 cucharada
Azúcar moreno .... 2 cucharadas
Jengibre en polvo .... 1 pizca

Pssst

Este delicioso smoothie, para niños y adultos,
es ideal para las interminables tardes de invierno.
Esta receta también es perfecta para un desayuno
completo y sabroso.

La Receta

1. Mezcle todos los ingredientes en su batidora de vaso. Pruebe, y después añada la cantidad de azúcar a su gusto.

2. Puede añadir una pequeña pizca de canela.

Zumo Mirada de terciopelo

remineralizante, estimulante, reconstituyente, detox

Para 2 vasos • Preparación: 10 min

Los Ingredientes

Limón 1
Zanahorias 4
Manzanas 2
Remolacha ....½

Pssst

Si hay UN superalimento que debemos recordar
por sus propiedades detox es el limón. Purifica
el organismo y también potencia las funciones
diuréticas, lo que permite eliminar toxinas.
¡Todo es bueno en el limón!

La Receta

1. Exprima el limón con el exprimidor.

2. Pase todos los ingredientes (bastamente
cortados y sin pelar) por el extractor de zumos.
Termine con dos cuartos de manzana, y después
añada el zumo de limón y remueva.

Lassi Relaaax
relajante, equilibrante

Para 2 vasos • Preparación: 10 min

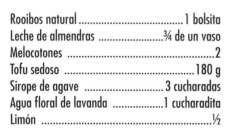

Los Ingredientes

Rooibos natural .... 1 bolsita
Leche de almendras ....¾ de un vaso
Melocotones 2
Tofu sedoso ....180 g
Sirope de agave ....3 cucharadas
Agua floral de lavanda ....1 cucharadita
Limón ....½

La Receta

1. Infusione el rooibos durante 4 minutos en la leche de almendras caliente. Deje enfriar algunos minutos.

2. Pele los melocotones si no le gusta la textura o el sabor de la piel.

3. Mezcle todos los ingredientes en su batidora de vaso, añadiendo el agua de lavanda y el zumo de limón.

4. Ajuste la cantidad de leche de almendras, en función de si desea un lassi más o menos líquido. Ajuste la cantidad de sirope de agave a su gusto.

Smoothie Buenas noches
integral, relajante

Para 2 vasos • Preparación: 10 min

Los Ingredientes

Plátanos 3
Leche de avena .... 1 vaso
Agua floral de manzanilla
o de azahar .... 3 cucharaditas
Puré de anacardos .... 3 cucharadas
Miel de azahar .... 1 cucharada
Vainilla en polvo.................................... 1 pizca
Nuez moscada en polvo .... 1 pizca

La Receta

1. Mezcle todos los ingredientes en una batidora de vaso.

2. Ajuste la cantidad de miel a su gusto. Es una receta ideal para las laaargas noches de invierno...

Lo mejor

La leche de avena es una buena sustituta de la leche de vaca. Llena de fibra, proteína y vitaminas, baja en azúcar, ayuda a potenciar el sistema inmunológico e incluso embellece el pelo y la piel.

Smoothie Caliente
estimulante, relajante, antioxidante

Para 2 vasos • Preparación: 10 min

Los Ingredientes

Plátano 1
Frambuesas (frescas o congeladas) ..... 2 puñados
Leche de almendras ....¾ de un vaso
Agua floral de rosa ....2 cucharaditas
Sirope de agave ....2 cucharadas
Pimienta de cayena en polvo ....1 pizca

La Receta

1. Mezcle todos los ingredientes en una batidora de vaso. Ajuste la cantidad de sirope de agave a su gusto.

2. ¡Efecto colorete instantáneo garantizado!

Smoothie
Hot hot hot
estimulante, relajante, antioxidante, equilibrante

Para 2 vasos • Preparación: 10 min

Los Ingredientes

Peras 2
Plátanos 3
Cacao en polvo .... 1 cucharada
Jengibre en polvo .... 1 pizca
Maca blanca en polvo .... 1 pizca
Pimienta negra recién molida.................. 1 pizca
Canela en polvo .... 1 pizca

La Receta

1. Extraiga el zumo de las peras con el extractor de zumos (o con la licuadora).

2. Mezcle todos los ingredientes en una batidora de vaso, añadiendo el zumo de pera, y después ajuste la cantidad de sirope de agave y de especias a su gusto.

Pssst

Por un lado, la maca ayuda a combatir el estrés y a aumentar la energía y vitalidad. Por el otro, es una planta medicinal cuya raíz se utiliza desde hace lustros por sus propiedades afrodisíacas: estimula la fertilidad, la virilidad, la libido... ¿Se siente tentado de probarla esta noche?

Zumo Aire fresco

estimulante, tonificante, remineralizante, antioxidante, detox

Para 2 vasos • Preparación: 10 min

Los Ingredientes

Lima 1
Manzanas 3
Apio .... 2 ramas
Menta ....¼ de manojo

La Receta

1. Exprima el zumo de lima con el exprimidor.

2. Pase todos los ingredientes por el extractor de zumos, alternando los duros (o con hojas) con los más jugosos, y termine con dos cuartos de manzana.

3. Mezcle los zumos obtenidos.

Lassi Especial madrugador

estimulante, tonificante, antioxidante, detox, omega 3

Para 2 vasos • Preparación: 10 min

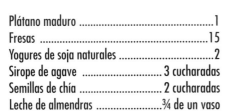

Los Ingredientes

Plátano maduro 1
Fresas 15
Yogures de soja naturales 2
Sirope de agave ....3 cucharadas
Semillas de chía ....2 cucharadas
Leche de almendras ....¾ de un vaso

La Receta

1. Mezcle todos los ingredientes con la batidora de vaso.

2. Ajuste la cantidad de leche de almendras en función de si desea un lassi más o menos líquido. Receta ideal para tomar antes del ejercicio del domingo por la mañana.

Lassi Especial trasnochador

integral, relajante, antioxidante

Para 2 vasos • Preparación: 7 min

Los Ingredientes

La Receta

Plátano maduro 1
Yogures de soja naturales 2
Vainilla en polvo (o concentrado
de vainilla)....................................½ cucharadita
Leche de arroz ....¾ de un vaso
Sirope de agave .... 1 cucharada
Matcha ....1 cucharadita

1. Mezcle todos los ingredientes menos el sirope de agave y el matcha.

2. Ajuste la cantidad de leche de arroz en función de si desea un lassi más o menos líquido.

3. Mezcle el matcha con el sirope de agave. Añada la mezcla al smoothie removiendo con delicadeza. Receta ideal para un domingo por la mañana de «relax» casero.

Frutas y verduras de temporada

Las frutas y sus temporadas

	Primavera	Verano	Otoño	Invierno
Cítricos	Limón		Clementina Mandarina Naranja	Clementina Limón Mandarina Naranja Pomelo Toronja
Frutos secos	Almendra	Almendra Avellana	Avellana Castaña Nuez	
Frutas con hueso	Albaricoque Cereza Ciruela	Albaricoque Briñón Cereza Ciruela Ciruela Claudia Ciruela damascena Ciruela Mirabel Melocotón Nectarina	Ciruela Ciruela damascena Melocotón de viña	
Frutas con pepitas	Manzana	Manzana Pera	Membrillo Pera Manzana	Manzana Pera
Frutos rojos, bayas	Frambuesa Fresa Fresa del bosque Grosella negra Mora	Arándano negro Arándano rojo Frambuesa Fresa Fresa del bosque Grosella negra Grosella roja Mora Uva	Arándano negro Uva	
Cucurbitáceas	Melón	Melón Sandía		
Frutas tropicales y exóticas	Plátano	Plátano	Kiwi Plátano	Caqui Fruta de la pasión Granada Guayaba Kiwi Lichi Mango Papaya Piña Plátano
Otras	Ruibarbo	Higo	Higo	

Las verduras y sus temporadas

	Primavera	Verano	Otoño	Invierno
Lechugas y verduras de hoja	Acedera Apio Berro Escarola Espinacas Hinojo Lechuga Lechuga romana Puerro Rúcula	Acedera Acelga Berro Escarola Espinacas Hinojo Lechuga Lechuga batavia, hoja de roble rojo o romana Puerro Rúcula	Acelga Apio Berro Canónigo Endibia Espinacas Hinojo Lechuga Lechuga romana Puerro	Apio Berro Canónigo Cardo Diente de león Endibia Espinacas Puerro
Hortalizas	Aguacate Berenjena Calabacín Pepino Pimiento Tomate	Aguacate Berenjena Calabacín Calabaza (*Cucurbita*) Pepinillo Pepino Pimiento Tomate	Calabaza (*Cucurbita*, *Cucurbita pepo*, *Cucurbita maxima*) Pimiento	Calabaza (*Cucurbita*, *Cucurbita pepo*)
Crucíferas	Col lombarda	Coles (de Bruselas, lombarda, repollo, romanesco)	Coles (de Bruselas, lombarda, repollo, rizada, china)	Coles (de Bruselas, lombarda, repollo, rizada, china)
Verduras, flores y tallos	Alcachofa Coliflor Espárrago	Alcachofa Brócoli Coliflor Espárrago	Brócoli Coliflor	Brócoli Coliflor
Setas			Todas las setas	
Legumbres, semillas o vainas	Guisante Haba Tirabeque	Guisante Haba Judía Judía verde Lenteja Maíz		
Raíces y tubérculos	Nabo Patata Rábano Remolacha Zanahoria	Nabo Patata Rábano Remolacha Salsifí Zanahoria	Chirivía Colirrábano Nabo Patata Rábano Remolacha Salsifí Tupinambo Zanahoria	Nabo Patata Rábano Remolacha Salsifí Tupinambo Zanahoria

GREENS

Deliciosas recetas para comer verdura con cada comida

Jessica Nadel

Más de 100 recetas rápidas, apetitosas y nutritivas con las que comer hortalizas a diario sin aburrirlas.

La premisa de este libro es simple: es posible comer y disfrutar de más verduras de hoja y otras variedades de hortalizas.

Greens será el aliado perfecto en la cocina de quienes quieran comer más sano o aspiren a incluir más hortalizas en su dieta. Propone una amplia variedad de deliciosas y saludables recetas para cada comida del día, desde el desayuno hasta los postres.

Sus más de 100 recetas veganas, novedosas e inspiradoras, ofrecen un surtido nutricional compuesto por más de 40 hortalizas, que incluye clásicos como el brócoli y el calabacín, superalimentos como las acelgas y la col verde y vegetales poco convencionales como las algas espirulina o kelp.

COMIDA QUE SANA

Alimentos, planes y recetas para una alimentación consciente

Esta obra, mezcla de guía completa y recetario planificado, ayuda a sacar provecho de los innumerables beneficios para la salud y el bienestar que ofrecen los alimentos.

• Propiedades curativas de más de 175 alimentos

• Ayuda a reconocer sus particularidades y a escoger productos biológicos de temporada, para completar una dieta variada y equilibrada

• Beneficios dietéticos clasificados por áreas de salud

• Consejos para sacar el mejor provecho posible de los alimentos

• Sugerencias para cocinarlos de manera sencilla y sabrosa

• Más de 150 recetas innovadoras, nutritivas y orientadas por área de salud, que van desde desayunos energéticos y zumos purificadores hasta postres para tratar o prevenir resfriados

• Planes diarios diseñados para combatir problemas de salud específicos

DETOX

Recetas para depurar el organismo

Coralie Ferreira

Los excesos que cometemos a diario tienen un gran impacto sobre nuestro organismo y hacen que las toxinas se acumulen. Las recetas de *Detox* nos permiten sanar el cuerpo y recuperar la forma física sin apenas darnos cuenta.

La parte introductoria incluye listas con los productos que se deben evitar o limitar, así como los más beneficiosos para una buena detoxificación.

Escoger las recetas para cuidarse es fácil: zumos e infusiones, desayunos, sopas y ensaladas, platos principales y postres.

Presenta también las propiedades beneficiosas de los alimentos de la mano de una dietista, y propone suculentas ideas para disfrutar de la comida sabiendo lo que se come.

DELICIOSAS VERDURAS

Más de 100 recetas vegetarianas

Georgina Fuggle

En *Deliciosas verduras*, Georgina Fuggle explora los colores, las texturas y los sabores de las hortalizas para crear platos deliciosos y saludables.

En cada receta, escoge una verdura como estrella y aprovecha sus cualidades, con el fin de ofrecernos un amplio recetario que incluye ideas para almuerzos, cenas para cada día y comidas para ocasiones especiales.

Un libro ideal para sacar el máximo provecho a lo que el huerto y el mercado ofrecen, para probar platos con hortalizas nuevas o para buscar una manera interesante de comer las verduras de siempre: estas recetas vegetarianas inspiran, nutren y son fáciles de elaborar.

Disponibles en librerías y en la web de Cinco Tintas www.cincotintas.com.

Gracias a Lisa, Alban, Victoire, y… ¡Lola!

La edición original de esta obra ha sido publicada en Francia en 2015
por Hachette Livre (Hachette Pratique), con el título

Petites Recettes Hachette / Superjus

Traducción del francés
Ariadna Guinovart Caballé

Fotografía de la cubierta
Maud Argaïbi

Dirección: Catherine Saunier-Talec
Edición: Céline Le Lamer
Diseño artístico: Antoine Béon
Proyecto: Juliette Spiteri y Alice Dauphin
Diseño interior y de cubierta: Studio-Allez
Realización interior: Nord Compo
Corrección: Claire Fontanieu
Elaboración: Amélie Latsch
Coordinación: Sophie Morier

Impreso en España
Depósito legal: B 6.371-2016
Códigos IBIC: WBX | WBH

ISBN 978-84-16407-14-9